今井 亮

ごはんがすすむ！ ガッツリおいしい

白《しろ》飯《めし》サラダ

contents

この本の決まりごと

＊計量単位：大さじ1＝15mℓ　小さじ1＝5mℓ　1カップ＝200mℓです。
＊野菜を洗う、皮をむく、ヘタや種を取る、きのこの石づきを取り除くなどの下ごしらえは、特別な場合を除いて省略しています。
＊冷水とは、冷蔵庫で冷やしたくらいの冷たい水のことです。
＊調味料は指定のない場合、塩は天日塩、しょうゆは濃い口しょうゆ、砂糖は上白糖、小麦粉は薄力粉を使っています。
＊電子レンジの加熱時間は600Wを基本としています。500Wの場合は加熱時間を1.2倍にしてください。

これが〝白《しろ》飯《めし》サラダ〟です！

ごはんにのっけてOK！

ごはんがすすんでしまう味の仕掛けがあるので、ひと口食べれば、箸が止まらなくなる、米好きな日本人のためのサラダです。ごはんの上にワンバウンドさせるもよし！　丼スタイルでかっこむもよし！　自由に楽しめます。

さっと作れて主役に！

身近な野菜をザクザク切って、パパッと作れるものばかり。しかも、つけ合わせや前菜ではなく、どどーんと食卓の主役になってくれます。忙しいとき、疲れているとき、手軽に野菜がたっぷり取れる白飯サラダが、朝、昼、晩まで、あなたの味方になってくれます！

炒めものだって、サラダ！

みずみずしい生野菜はもちろん、さっと加熱した野菜のおいしさもまた格別なもの。うまみと香りが引き出されたり、しんなりして食べやすくなったり。野菜がおいしければ、それは立派なサラダです！

バリエーションは無限大！

ついついワンパターンになりがちなサラダですが、たっぷりの野菜を肉や魚などと組み合わせ、さらにさまざまな味つけを加えることでバリエーションは無限大に。おなじみの野菜でも、切り方を変えるだけで食感に変化が出て、新しいおいしさに出会えます。

サラダをおいしく作るコツ

「水を制する者はサラダを制す」と言っても過言ではない！ そう思っています。
野菜に水分を補ってパリッとさせる、
味をよくからめるために余分な水分を取り除く、
どちらも水分の調節が大切です。
ほかのポイントと一緒に、押さえておきましょう。

水につける

野菜のパリッとした食感はサラダの命。キャベツやレタスは切って、他の葉野菜は洗って冷水に２分つけると、水分が戻ります。スライスした玉ねぎ、ピーマン、セロリも水につけると、辛みやえぐみが取れます。

水きりをする

余分な水分はできるだけ取ります。サラダスピナーにかけるのが一番ラク。ざるにあけて水けをよくきり、ペーパータオルでふいてもいいです。ゆでた肉もペーパータオルではさんで、水分を吸い取ります。

手早くあえる

調味料を加えると水分が出やすくなるので、手早くあえて味を全体にまわします。この鉄則は生野菜のサラダだけでなく、炒めサラダにも共通。もたつくと加熱が進んで食感を失ってしまいます。

味見をする

盛りつける前にちょっとひと仕事。味見をしてください。味の感覚はそのときの食材や調味料だけでなく、個人の好みや体調、季節によっても違います。つまみ食いをして確かめてください。ただし、塩分の追加は慎重に！

合わせ調味料について

ドレッシングなどのソース、たれは、先に調味料を混ぜ合わせておきます。まずは塩や砂糖など溶けにくいものを液体と溶かし合わせ、混ざりにくい油は泡立て器でかき混ぜながら少しずつ加えるのがコツです。

油について

コクのあるオリーブ油、香りがよいごま油も使いますが、基本はさらっとしたサラダ油です。僕は米油を使っています。混じり気のなさだけでなく、個性を主張しすぎないところが、かえって味のバリエを広げます。

酢について

お酢は味を引き締め、サラダにさわやかさとうまみを加えてくれるアイテムです。白ワインビネガー、黒酢、バルサミコ酢などがない場合は米酢で作ってください。米酢は他の穀物酢よりも酸味がまろやかで、やさしい味わいです。米同士ですから、ごはんにとても合います。

ささっと作れる！

秒速白《しろ》飯《めし》サラダ

魚缶、練りもの、納豆、温泉卵など、常備品としておなじみの食材を、キャベツ、レタス、豆苗など、一年中ある野菜と合わせるだけ！しかも火を使いません!!〝秒速〟ながら、おいしさは〝本気〟です。

温玉とろろしらすサラダ

ごはんのお供をキャベツにドカッとのせ、
よーくからめていただきますっ！
削り節とごま油が箸を加速させますよ。

材料（２人分）

キャベツ …… 1/4 個 ⇒ せん切り
長いも …… 10 ㎝
⇒ すりおろす
しらす干し …… 50g
A ⇒ 混ぜ合わせる
｜しょうゆ、ごま油 …… 各大さじ 1
温泉卵 …… 1 個
削り節 …… 1 パック（1.5g）

作り方

1 器にキャベツ、長いも、しらす干しを順に盛る。Aをかけ、温泉卵をのせて、削り節をふる。

さば缶とキャベツの ねぎポン酢サラダ

さば缶は魚のうまみが濃縮した調味料！
煮汁をドレッシングに加えてうまみをアップさせます。
好みで粗びき黒こしょうをふるのもおすすめ。

材料（2人分）

さば水煮缶 …… 1缶 ⇒ 煮汁を取り分け、ざっくりほぐす
キャベツ …… 1/4個 ⇒ ひと口大にちぎる
A ⇒ 混ぜ合わせる
　万能ねぎ …… 1/4束 ⇒ 小口切り
　ポン酢しょうゆ …… 大さじ2
　さば水煮缶の煮汁、オリーブ油 …… 各大さじ1

作り方

1 器にキャベツを盛り、さば水煮をのせて、Aをかける。

ツナみそマヨの キャベツサラダ

材料（2人分）

キャベツ …… 1/4個 ⇒ せん切り

A ⇒ 混ぜ合わせる

- ツナ缶 …… 2缶（140～160g）
  ⇒ 油を軽くきる
- マヨネーズ、みそ …… 各大さじ1
- しょうゆ …… 大さじ1/2
- ごま油 …… 小さじ1

作り方

1 ボウルにキャベツとAを入れてあえる。

キャベツが少ししんなりするくらいあえると、
食べやすくなります。
白飯だけでなく、サンドイッチにも向きます。

大根の納豆キムチあえ

即席のカクテキといった感じ。
大根は太めの棒状に切って、
歯ざわりとみずみずしさを楽しんで。

材料（2人分）

大根 …… 1/4本
　⇒ 1㎝幅の輪切りにし、1㎝幅に切る

A
　ひき割り納豆 …… 1パック
　白菜キムチ …… 100g ⇒ ざく切り
　しょうゆ …… 大さじ1
　ごま油 …… 大さじ1

韓国のり …… 2枚

作り方

1 ボウルにAを入れてよく混ぜ、大根を加えてあえる。

2 器に盛り、のりをちぎって散らす。

はんぺんとレタスのしょうゆマヨあえ

はんぺんとレタスは極端に違うけれど、
みょうがを加えると、不思議と落ち着く。
絶妙な組み合わせなんですよ。

材料（2人分）

はんぺん …… 2枚 ⇒ 2㎝角に切る
レタス …… 1/2個 ⇒ 横半分に切り、1㎝幅の細切り
みょうが …… 3個 ⇒ 小口切り

A
　マヨネーズ …… 大さじ2
　しょうゆ …… 大さじ1/2

作り方

1 ボウルにAを混ぜ、はんぺん、みょうがを加えてあえ、レタスを加えてさっとあえる。

大根とハムのごまだれサラダ

大根もハムも細く切りそろえると、
パクパク食べられますよ。
ごまだれで大根にコクを補います。

材料（2人分）

大根 …… 1/4 本 ⇒ せん切り
ハム …… 4 枚 ⇒ 半分にして 5 ㎜幅に切る
貝割れ菜 …… 1 パック
A ⇒ 混ぜ合わせる
　白すりごま …… 大さじ 2
　しょうゆ …… 大さじ 1 と 1/2
　米酢、砂糖、ごま油 …… 各大さじ 1

作り方

1 器に大根、ハム、貝割れ菜を合わせて盛り、Aをかける。

さつま揚げと春菊のヨーグルトみそあえ

材料（2人分）

さつま揚げ …… 4 枚（200g）⇒ 1 ㎝幅に切る
春菊 …… 1 袋 ⇒ 葉をちぎる
長ねぎ …… 1/2 本 ⇒ 斜め薄切り
A
　プレーンヨーグルト …… 大さじ 2
　みそ、オリーブ油 …… 各大さじ 1
　しょうゆ …… 小さじ 1

作り方

1 ボウルにAを混ぜ合わせ、具材を加えてあえる。

甘辛いさつま揚げと香りの強い春菊を
ねぎの香味がまとめます。
発酵食品のたれであえてヘルシーに！

青じそとしょうゆをドレッシングに加えて、
和のテイストに舵を切りました。
モッツァレラはちぎると味がなじみます。

スモークサーモンとモッツァレラのサラダ

材料（2人分）

スモークサーモン …… 10枚
モッツァレラチーズ …… 100g ⇒ ひと口大にちぎる
ベビーリーフ …… 50g
A ⇒ 混ぜ合わせる
　青じそ …… 5枚 ⇒ 粗みじん切り
　米酢、オリーブ油、しょうゆ …… 各大さじ1
　砂糖 …… 小さじ1/4

作り方

1 器にベビーリーフ、モッツァレラ、スモークサーモンを彩りよく盛り、Aをかける。

memo

白いモッツァレラチーズはサラダの見た目を引き立てるだけでなく、フレッシュでミルキーな風味、モチモチの食感が魅力です。食後の印象がより深くなります。

かまぼこと豆のたらこサラダ

たらこ&七味マヨは
明太子マヨとはちょっと違う。
もっと多彩な香りが楽しめます。

材料（2人分）

かまぼこ …… 1本（120g）
⇒ 5㎜幅のいちょう切り
ミックスビーンズ（ドライパック）…… 100g
みつば …… 2袋 ⇒ ざく切り
A
たらこ …… 1本（60g）
⇒ スプーンで身をこそげ取る
マヨネーズ …… 大さじ2
ごま油 …… 大さじ1/2
七味唐辛子 …… 少々

作り方

1 ボウルにAを混ぜ合わせ、具材を加えてさっとあえる。

アボカドと水菜のなめたけあえ

ドレッシングになめたけを加えて、
とろみとうまみを同時につけます。
豆腐や卵炒めにのせるのもいいです。

材料（2人分）

水菜 …… 1袋 ⇒ 5㎝長さに切る
アボカド …… 1個 ⇒ ひと口大のくし形切り
A ⇒ 混ぜ合わせる
なめたけ（瓶詰）…… 大さじ3
米酢、ごま油 …… 各大さじ1
豆板醤 …… 小さじ1

作り方

1 器に水菜とアボカドを合わせて盛り、Aをかける。

ちくわ、豆苗ときゅうりのピリ辛めんつゆあえ

めんつゆにラー油を少々で、
豆苗ときゅうりの青臭さが消えます。
きゅうりは種を取ると食感がアップ。

材料（2人分）

ちくわ …… 4本 ⇒ 縦半分にして斜め1㎝幅に切る
豆苗 …… 2袋 ⇒ 3等分に切る
きゅうり …… 1本
⇒ 縦半分にして種を取り、斜め1㎝幅に切る
A ⇒ 混ぜ合わせる
めんつゆ（3倍濃縮）…… 大さじ1と1/2
米酢 …… 大さじ1
ラー油 …… 小さじ1

作り方

1 器に豆苗を盛り、きゅうり、ちくわをのせて、Aをかける。

memo

きゅうりは水分が多い種部分をスプーンで取り除くと、サラダが水っぽくならずにすみます。食感も変わるからぜひ試してみて！

かにかまとレタスのわさびじょうゆサラダ

空気をふんわり含むレタスに合わせ、
かにかまは細く裂きます。
決め手はわさび。味が締まります。

材料（2人分）

かにかまぼこ …… 10本 ⇒ 細く裂く
サニーレタス …… 1/4個
⇒ ひと口大にちぎる
A ⇒ 混ぜ合わせる
しょうゆ、米酢、ごま油 …… 各大さじ1
練りわさび …… 小さじ1

作り方

1 器にサニーレタス、かにかまぼこの順に盛り、Aをかける。

さんま缶ときゅうり、トマトの梅サラダ

かば焼き缶の甘さを梅干しで引き締めると、甘酸っぱいトマトやさわやかなきゅうりともマッチします。いわしのかば焼き缶でも作れますよ。

材料（2人分）

さんまかば焼き缶 …… 1缶
　⇒ 耐熱皿に入れ、電子レンジで1分加熱してほぐす
きゅうり …… 2本
　⇒ すりこぎでたたき、ひと口大にちぎる
トマト …… 2個 ⇒ ひと口大の乱切り
A
　梅干し …… 1個 ⇒ 種を除いてたたく
　ポン酢しょうゆ …… 大さじ2
　オリーブ油 …… 大さじ1

作り方

1 ボウルにAを混ぜ合わせ、具材を加えてさっとあえる。

a

b

memo

すりこぎや瓶でたたいてきゅうりにひびを入れ (a)、ひと口大にちぎります (b)。「たたききゅうり」といい、断面が多くなるので、味がからまりやすくなります。

ボリューム満点！

ガッツリ白《しろ》飯《めし》サラダ

食べれば「血となり肉となる」サラダです。肉や魚、卵や豆腐と一緒に野菜をたーっぷり食べられるから、これさえ作れば、栄養バランスはOK！ おかずとごはんを夢中で食べる醍醐味を味わって！

ガッツリ白飯サラダ

豚肉

よく作るおかずのひとつが、豚肉の炒めもの。
これをサラダに使わない手はありません。
肉は味濃く、野菜は加熱しすぎない、ここがポイント！

豚肉のしょうが焼きサラダ

山盛りマヨキャベツにしょうが焼きをジャッとのせ、
わしわし食べる――そんなイメージの自信作。
全体を混ぜながら、豪快にどうぞ！

キャベツの上から盛って
いただきます！

材料（２人分）

豚肉（こま切れ）……200g

A ⇒ 混ぜ合わせる

- しょうが……１かけ ⇒ すりおろす
- しょうゆ……大さじ１と1/2
- 酒、みりん……各大さじ１
- 米酢……大さじ1/2

サラダ油……大さじ1/2

キャベツ……1/6個 ⇒ １cm幅の細切り

マヨネーズ……大さじ２

作り方

1 キャベツはマヨネーズであえ、器に盛る。

2 フライパンにサラダ油を強めの中火で熱し、豚肉を２分炒める。Aを回し入れ、さっと炒めて**1**にのせる。

豚肉と豆苗のスパイシーサラダ

味の決め手は、カレー粉とオイスターソース。
カレー粉で豆苗にスパイシーさをプラスし、
オイスターソースでしっかりコクをつけます。

材料（2人分）

豚肉（こま切れ）…… 200g
豆苗 …… 2袋 ⇒ 2等分に切る
サラダ油 …… 大さじ1/2
ごま油 …… 小さじ2
A ⇒ 混ぜ合わせる
　オイスターソース、酒 …… 各大さじ1
　しょうゆ …… 大さじ1/2
　砂糖、カレー粉 …… 各小さじ1

作り方

1 フライパンにサラダ油を強めの中火で熱し、豚肉を2分炒める。Aを加え、さっと炒め合わせる。

2 **1**に豆苗とごま油を加えて火を止め、さっとあえる。

a

b

memo

カレー粉(a)は控えめに使うことによって、スパイシーでさわやかな印象を与えます。濃厚なオイスターソース(b)はしょうゆと合わせて、甘さを引き締めます。

豚肉とさつまいもの ホットチーズサラダ

にんにくと唐辛子、オリーブ油の風味で炒め、
カマンベールを加えてトロッと蒸し焼きにします。
さつまいもは焼き目がつくまで焼いて香ばしく。

材料（2人分）

豚肉（こま切れ）…… 200g
さつまいも …… 1本（200g）
　⇒ 1㎝厚さの輪切り
カマンベールチーズ …… 100g
　⇒ ひと口大にちぎる
塩 …… 小さじ1/4
A
　オリーブ油 …… 大さじ1
　にんにく …… 1かけ
　　⇒ 縦半分に切って芽を取り、薄切り
　赤唐辛子 …… 2本
　　⇒ 種を取って小口切り

作り方

1 さつまいもはさっと洗い、水けをつけたまま耐熱容器に入れる。ラップをかけ、電子レンジで3分加熱する。

2 フライパンにAを入れて弱火にかけ、にんにくが色づいたら、にんにくを取り出す。

3 **2**のフライパンに豚肉を入れ、中火で2分炒めて塩で調味し、**1**を加えて焼き色がつくまで焼く。チーズを加えてふたをし、少し溶けたら**2**のにんにくを散らす。

豚肉とスナップえんどうのパクチーみそサラダ

材料（2人分）

豚ロース肉（しゃぶしゃぶ用）…… 200g
スナップえんどう …… 100g
　⇒ 斜め半分に切る
しめじ …… 1パック（100g）⇒ ほぐす
A
　酒 …… 大さじ1
　水 …… 1/4カップ
B ⇒ 混ぜ合わせる
　パクチー …… 30g ⇒ 粗みじん切り
　みそ …… 大さじ1と1/2
　米酢 …… 大さじ1
　砂糖、ごま油 …… 各大さじ1/2

作り方

1 フライパンにスナップえんどう、しめじを平らに入れ、豚肉を1枚ずつ広げて並べ、Aをふる。ふたをして中火にかけ、煮立ったら水けがなくなるまで3～4分蒸し、さっとあえる。

2 器に盛り、Bをかける。

フライパンでさっと酒蒸しにした具材は、さっぱり味。アジアンなパクチーみそが映えます。スナップえんどうはズッキーニでもおいしいですよ。

豚肉とにんじんの梅がつおサラダ

にんじんはピーラーで切るとやわらかく、豚しゃぶとの相性も抜群。
削り節入りの梅しょうゆドレッシングは、和の王道の味です。

材料（2人分）

豚バラ肉（しゃぶしゃぶ用）…… 200g
にんじん …… 2本
　⇒ピーラーでリボン状に切る

A
- 水 …… 1 ℓ
- 酒 …… 大さじ1
- 塩 …… 小さじ1/2

B
- 梅干し …… 1個 ⇒ 種を除いてたたく
- 削り節 …… 1パック（1.5g）
- しょうゆ、米酢、ごま油 …… 各大さじ1

作り方

1 鍋にAを煮立て、にんじんを中火で30秒ゆでる。弱火にして、豚肉を1枚ずつ広げて加え、肉の色が変わったら、ともに取り出して水けをよく取る。

2 ボウルにBを入れて混ぜ、**1**を加えてさっとあえる。

豚肉といんげんの温しゃぶサラダ

いんげんはボリボリの食感が残るくらいのかたゆでに。
ごまだれは定番の三杯酢の味に
ラー油でピリッとアクセントをきかせます。

材料（2人分）

豚ロース肉（しゃぶしゃぶ用）…… 200g
さやいんげん …… 200g ⇒ 半分に切る
A
水 …… 1 ℓ
酒 …… 大さじ 1
塩 …… 小さじ 1/2
B ⇒ 混ぜ合わせる
白いりごま、米酢 …… 各大さじ 1
しょうゆ …… 大さじ 1 と 1/2
砂糖 …… 大さじ 1/2
ラー油 …… 小さじ 1

作り方

1 鍋にAを煮立て、中火にしてさやいんげんを2分ゆでて取り出す。弱火にし、豚肉を1枚ずつ広げて入れ、肉の色が変わったら、取り出して水けをよく取る。

2 器にいんげん、豚肉の順に盛り、Bをかける。

memo

ラー油は唐辛子とごま油でできているため、香りと味の両方からアクセントをつけることができます。

カリカリ豚とクレソンの レモンじょうゆサラダ

さわやかなレモンと苦みのクレソンが豚バラの脂っこさを抑えます。肉はカリカリに焼いてください。香ばしさが違うから。

材料（2人分）

豚バラ肉（薄切り）……200g
　⇒ 5 cm長さに切る
クレソン……2束（100g）
　⇒ 下2〜3 cmを除いてざく切り
レタス……1/4個
　⇒ 横半分に切り、1 cm幅の細切り
レモン……くし形切り1/4個
　⇒ 薄切り
オリーブ油……大さじ1/2
A ⇒ 混ぜ合わせる
　しょうゆ……大さじ1と1/2
　酒……大さじ1
　こしょう……少々

作り方

1 フライパンにオリーブ油を中火で熱し、豚肉を入れて表面がカリッとするまで焼き、レモンとAを加えてさっと炒め合わせる。

2 器にクレソンとレタスを盛り、**1**をのせる。

memo

クレソンをローストビーフの添えものに終わらせてはもったいない！レタスなど淡泊な野菜と組み合わせると、味わいに変化がつきます。

豚肉とパプリカの蒸しサラダ

豚バラの肉汁、パプリカのジューシーな甘さを、
ごまたっぷりの酢じょうゆだれが引き立てます。
野菜は大きめに切って、肉と同時に蒸し上がるように。

材料（2人分）

豚バラ肉（薄切り）…… 200g
⇒ 10 cm長さに切る
赤パプリカ …… 2個 ⇒ 細いくし形切り
長ねぎ …… 1本 ⇒ 斜め2 cm幅に切る
A
酒 …… 大さじ1
水 …… 1/4 カップ
B ⇒ 混ぜ合わせる
白すりごま …… 大さじ2
しょうゆ …… 大さじ1と1/2
米酢 …… 大さじ1
砂糖、ごま油 …… 各小さじ1

作り方

1 フライパンにパプリカと長ねぎを並べ、豚肉をのせてAを加える。ふたをして煮立て、水分がなくなるまで中火で3〜4分蒸し、ざっとあえる。

2 器に**1**を盛り、Bをかける。

memo

ごまはガッツリサラダを引き立てる実力派アイテム。たれがよくからまり、味も調和するように、ここでは白すりごまを使います。

豚肉とごぼうのナッツコチュジャンサラダ

きんぴらごぼうを韓国風のサラダに仕立て、
ミックスナッツを加えました。
ごぼうとナッツって、合うんですよ。

材料（2人分）

豚バラ肉（薄切り）……200g
⇒ 5㎝長さに切る
ごぼう……1本
⇒ 斜め5㎜厚さに切って細切りにし、さっと洗う
サラダ菜……1個 ⇒ 葉をはがす
サラダ油……大さじ1/2
A ⇒ 混ぜ合わせる
ミックスナッツ……30g ⇒ 粗く砕く
にんにく……1/2かけ ⇒ すりおろす
コチュジャン、しょうゆ、米酢……各大さじ1
砂糖、ごま油……各小さじ1

作り方

1 フライパンにサラダ油を強めの中火で熱し、豚肉を2分炒める。ごぼうを加えてさらに2分炒め、Aを加えてあえる。

2 器にサラダ菜を敷き、1を盛る。

memo

ポリポリとしたミックスナッツの食感がいい仕事をします。適度な塩味も調味の助けになります。

ケチャップ酢豚の サラダ仕立て

厚めの肉に負けないように、ピーマンは幅広に切り、炒め上がりに加えて、バリッとした食感を残します。繊維を断つように切ると、食べやすいです。

材料（２人分）

豚バラ肉（ブロック）…… 200g
　⇒ 1 cm厚さに切り、塩少々をもみ込む
玉ねぎ …… 1/2 個
　⇒ 横 1 cm幅に切る
ピーマン …… 3 個
　⇒ 縦半分にして横 1 cm幅に切る
サラダ油 …… 大さじ 1/2
A ⇒ 混ぜ合わせる
　トマトケチャップ、米酢 …… 各大さじ 2
　砂糖 …… 大さじ 1
　しょうゆ …… 大さじ 1/2
　ごま油 …… 小さじ 1

作り方

1 フライパンにサラダ油を中火で熱し、豚肉を３分炒める。玉ねぎを加え、1 分炒める。

2 手前をあけてAを入れ、煮立ったらピーマンを加えてさっと炒め合わせ、すぐに火を止める。

memo

ピーマンは火が通りやすいので、フライパンの手前をあけて入れ、手早く火を通します。

豚肉のみそバターサラダ

肉が熱いうちにバターを落とします。
バターとみそが胃袋をガッチリつかんで離しません。
ごはんも一緒にレタスで巻いてどうぞ。

材料（2人分）

豚肩ロース肉（ブロック）…… 300g
　⇒ 1㎝角の棒状に切る
サニーレタス …… 1/4個
　⇒ 大きめにちぎる
にんじん …… 1/4本 ⇒ せん切り
きゅうり …… 1本 ⇒ せん切り
大根 …… 5㎝ ⇒ せん切り
サラダ油 …… 大さじ1/2
バター …… 10g
A ⇒ 混ぜ合わせせる
　みそ、みりん …… 各大さじ2
　しょうゆ …… 大さじ1/2

作り方

1 フライパンにサラダ油を中火で熱し、豚肉を3分炒め、Aで調味してさっと炒め合わせる。

2 器にサニーレタス、混ぜ合わせたせん切り野菜、**1**を盛り、肉にバターをのせる。

豚肉の酢みそ炒めサラダ

酢みそはさっと火を通すから、酸味がやわらいでまろやかに。
うまみも凝縮しますよ。
肉はとんかつ用を奮発して、食べごたえを出します。

材料（2人分）

豚肉（とんかつ用）…… 2枚
　⇒ 両面に格子状の切り込みを入れ、ひと口大に切る
ベビーリーフ …… 50g
玉ねぎ …… 1/2個 ⇒ 縦薄切り
サラダ油 …… 大さじ1/2
A ⇒ 混ぜ合わせる
　みそ、米酢、砂糖 …… 各大さじ2
　しょうゆ …… 大さじ1/2

作り方

1 フライパンにサラダ油を中火で熱し、豚肉を返しながら3～4分焼く。玉ねぎとAを加え、さっと炒め合わせる。

2 器にベビーリーフを盛り、**1**をのせる。

ひき肉の
エスニック春雨サラダ

パクチーとミントを加えた黄金味です。
春雨をゆでずに炒め、汁けを吸わせることがポイント。
食べるときにライムをギュッと絞りかけます。

材料（2人分）

豚ひき肉 …… 150g
春雨（乾燥）…… 30g ⇒ 水でもどして半分に切る
きゅうり …… 3本
⇒ 縦半分に切って種を取り、斜め5㎜幅に切る
紫玉ねぎ …… 1/2個 ⇒ 縦薄切り
パクチー …… 30g ⇒ ざく切り
ミント …… 1パック（13g）⇒ ざく切り
にんにく …… 1かけ ⇒ みじん切り
サラダ油 …… 大さじ1/2
A ⇒ 混ぜ合わせる
ナンプラー …… 大さじ1と1/2
米酢、砂糖 …… 各大さじ1
ごま油 …… 大さじ1/2
ライム（またはレモン）…… 1/2個

作り方

1 フライパンにサラダ油を強めの中火で熱し、にんにくを炒める。香りが立ったらひき肉をほぐしながら3分炒め、春雨、Aを加えてさらに2分炒める。

2 ボウルに残りの野菜とハーブ、**1**を入れてあえ、器に盛ってライムを添える。

memo

ライムは、レモンよりも酸味がマイルドで、ほのかな苦みと爽快な香りが特徴です。ナンプラーはもちろん、しょうゆにも合います。

にらそぼろ
レタスサラダ

ひき肉をポン酢炒めにして火を止め、
にらをバサッと加えて食感を残します。
香ばしいそぼろにつられ、にら１束ペロッと完食！

材料（２人分）

豚ひき肉 …… 200g
にら …… １束 ⇒ １cm幅に切る
レタス …… 1/2 個 ⇒ ４等分のくし形切り
サラダ油 …… 大さじ 1/2
A
　ポン酢しょうゆ …… 大さじ３
　ごま油 …… 小さじ１

作り方

1 フライパンにサラダ油を強めの中火で熱し、ひき肉をほぐしながら３分炒め、Aで調味して１分炒める。火を止めてにらを加え、混ぜ合わせる。

2 器にレタスと好みでごはん適量（分量外）を盛り、**1** をかける。

お好み焼き風味の肉だんごサラダ

見た目はたこ焼き、香りはお好み焼き、
食べると肉だんご！
合わせる野菜は、キャベツ以外考えられません！

材料（2人分）

A
- 豚ひき肉 …… 200g
- 紅しょうが …… 30g ⇒ 粗みじん切り
- 塩 …… 小さじ1/4

サラダ油 …… 大さじ4
キャベツ …… 1/6個 ⇒ 5㎜幅の細切り
B ⇒ 混ぜ合わせる
- お好み焼きソース …… 大さじ2
- マヨネーズ、牛乳 …… 各大さじ1

青のり、削り節 …… 各適量

作り方

1 ボウルにAを入れ、粘りが出るまで混ぜ、10等分して丸める。

2 フライパンにサラダ油を中火で熱し、**1**を少し押さえるようにして並べ、両面を焼き色がつくまで焼く。ふたをし、弱火で5〜6分焼く。

3 器にキャベツを盛り、**2**をのせてBをかけ、青のりと削り節を散らす。

ガッツリ白飯サラダ

鶏肉

うまみのもも肉、淡泊なむね肉、やわらかいささ身、
味自慢の手羽と、鶏肉の味わいは多彩です。
特徴を生かすと、サラダの楽しみがさらに広がります。

青のり風味の鶏から揚げサラダ

肉に調味料をもみ込んでから、青のりと片栗粉を混ぜます。
最後に揚げ油の温度を上げてカラリと。
こうすればサラダがベチャッとしません。

材料（2人分）

鶏もも肉 …… 1枚（300g）⇒ 10等分に切る

A

酒 …… 大さじ1
しょうゆ …… 大さじ1/2
塩 …… 小さじ1/2

キャベツ …… 1/6個 ⇒ せん切り

青のり …… 小さじ2

片栗粉 …… 大さじ3

揚げ油 …… 適量

B ⇒ 混ぜ合わせる

レモン汁、オリーブ油 …… 各大さじ1
塩 …… 小さじ1/6

作り方

1 鶏肉はAをよくもみ込み、青のり、片栗粉を加えて混ぜる。

2 フライパンに揚げ油を2㎝深さまで入れ、中火にかける。**1**を170℃で5分揚げ、火を強めて1分揚げる。

3 器にキャベツ、**2**の順に盛り、Bをかける。

鶏肉とりんごのキャロットラペ

塩もみにんじんに香ばしく焼いた鶏肉、
りんごの淡い甘みをミックスします。
やさしい味わいは、にんじん嫌いでも抵抗がないかも!?

材料（2人分）

鶏もも肉 …… 1枚（300g）
　⇒ 10等分に切り、塩、こしょう各少々をもみ込む
オリーブ油 …… 大さじ1/2
にんじん …… 2本
　⇒ スライサーでせん切りにし、
　　塩小さじ1/2をもみ込んで10分おく
りんご …… 1/2個
　⇒ 5㎜幅のいちょう切り
A
　パセリ（みじん切り）、
　　白ワインビネガー（または米酢）…… 各大さじ1
　オリーブ油 …… 大さじ2
　レモン汁 …… 小さじ1

作り方

1 フライパンにオリーブ油を中火で熱し、鶏肉の皮目がカリッとなるまで4分焼き、返して2分焼く。

2 ボウルにAを混ぜ合わせ、**1**、水けを絞ったにんじん、りんごを加えてあえる。

鶏肉と塩もみ大根のバジルしょうゆあえ

材料（2人分）

鶏もも肉 …… 1枚（300g）
⇒ 縦半分にして2cm幅に切る
大根 …… 1/4本
⇒ 2mm幅の半月切りにし、塩小さじ1/2をもみ込んで10分おく
バジル …… 1パック（17g）⇒ 葉をざく切り
サラダ油 …… 大さじ1/2
A ⇒ 混ぜ合わせる
にんにく、しょうが …… 各1かけ
⇒ すりおろす
しょうゆ …… 大さじ1と1/2
米酢、砂糖 …… 各大さじ1
ごま油 …… 大さじ1/2

作り方

1 フライパンにサラダ油を中火で熱し、鶏肉を4〜5分炒める。Aを加えて炒め合わせ、火を止める。

2 水けを絞った大根、バジルを加えてあえる。好みでごはん適量（分量外）と器に盛る。

memo

台湾で使われるバジルは日本のバジルよりも香りが強めですが、普通のスイートバジルでOK。

台湾料理のように、バジルで香りをつけました。
いつもの鶏肉と大根が、とたんにエスニックに！
たれがしみたごはんがまた、たまらないおいしさです。

鶏肉ときゅうりの香味だれ

揚げないユーリンチー。最小限の水で蒸し上げるから、
鶏のうまみがギュッと詰まっています。
むね肉でさっぱり仕立てにしてもおいしいです。

材料（2人分）

鶏もも肉 …… 1枚（300g）
⇒ 肉側に2cm幅の切り込みを入れ、
全体に塩小さじ1/4をもみ込む

きゅうり …… 3本
⇒ すりこぎでたたき、ひと口大にちぎる

A
水 …… 1/2カップ
酒 …… 大さじ1

B ⇒ 混ぜ合わせる
長ねぎ …… 1/4本 ⇒ みじん切り
しょうが …… 1かけ ⇒ みじん切り
しょうゆ、米酢 …… 各大さじ2
砂糖、ごま油 …… 各大さじ1

作り方

1 フライパンに鶏肉、Aを入れ、ふたをして火にかける。煮立ったら弱めの中火で6分蒸し煮にし、火を止めて5分おく。

2 1を食べやすく切り、きゅうりと合わせて器に盛り、Bをかける。

鶏肉のキムチサルサソース

サルサソースはキムチを加えると、
ググッとごはん寄りになります。
豚肉や魚介のソテーや揚げもの、冷ややっこにもいいです。

材料（2人分）

鶏むね肉 …… 1枚（300g）
　⇒ 全体に塩小さじ 1/4 をもみ込む
オリーブ油 …… 大さじ 1
A ⇒ 混ぜ合わせる
　トマト …… 1個 ⇒ 2 cm角に切る
　ピーマン …… 2個 ⇒ 粗みじん切り
　白菜キムチ …… 50g ⇒ 粗みじん切り
　オリーブ油 …… 大さじ 1
　レモン汁 …… 小さじ 1

作り方

1 フライパンにオリーブ油を熱して、鶏肉を皮目が下になるように入れ、ふたをして弱めの中火で 5 分焼く。返して同様に 3 分焼く。

2 **1** を食べやすい大きさに切り、器に盛ってAをかける。

鶏肉とサニーレタスの マヨポン酢あえ

ポン酢とマヨネーズを同量ずつ混ぜるだけ。
このたれは具材を選ばないし、
白飯にもぴったりです。
たれがからまるように、レタスは細切りに。

材料（2人分）

鶏むね肉 …… 1枚（300g）
⇒ ひと口大のそぎ切りにし、
塩、こしょう各少々をもみ込む
サニーレタス …… 1/2個 ⇒ 縦半分に切り、1㎝幅の細切り
オリーブ油 …… 大さじ1
A ⇒ 混ぜ合わせる
｜ポン酢しょうゆ、マヨネーズ …… 各大さじ2

作り方

1 フライパンにオリーブ油を強めの中火で熱して鶏肉を3分炒め、Aを加えてあえる。

2 ボウルにサニーレタス、**1**を入れ、さっとあえる。

しっとり鶏肉のごま酢みそあえ

短時間でしっとりゆで上がるように、
鶏むね肉は厚みを半分に切ります。
ブロッコリー、肉の順にゆでれば、ひと鍋ですみますよ！

材料（2人分）

鶏むね肉 …… 1枚（300g）⇒ 厚みを半分に切る
ブロッコリー …… 1株
　⇒ 小房に分け、茎は下1cmを切り落として
　　皮を厚くむき、食べやすく切る
A
　水 …… 1ℓ
　酒 …… 大さじ1
　塩 …… 小さじ1/2
B ⇒ 混ぜ合わせる
　白すりごま …… 大さじ2
　みそ …… 大さじ1と1/2
　米酢 …… 大さじ1
　しょうゆ、砂糖 …… 各大さじ1/2

作り方

1 鍋にAを沸騰させ、ブロッコリーを中火で2～3分ゆでて取り出す。

2 **1**の火力を弱火にし、鶏肉を入れて5～6分ゆで、取り出す。粗熱がとれたら食べやすく裂き、Bに加えてあえる。

3 器に**1**を盛り、**2**をのせる。

手羽先とれんこんのザーサイあえ

塩味も風味もあるザーサイを調味料として使います。
桜えびも加えて香ばしく。
手羽には切り込みを入れて、火を通りやすく、食べやすく。

材料（2人分）

鶏手羽先 …… 10本
⇒ 先端部分は関節から切り離し、
裏側に骨に沿って切り込みを1本入れる
れんこん …… 300g
⇒ 皮をざっとむき、5㎜幅のいちょう切りにし、
さっと洗う
万能ねぎ …… 1/4束 ⇒ 5㎝長さに切る
サラダ油 …… 大さじ1/2
A ⇒ 混ぜ合わせる
味つきザーサイ …… 30g ⇒ 粗みじん切り
桜えび（乾燥）…… 大さじ2と1/2（5g）
⇒ 粗みじん切り
しょうゆ、米酢 …… 各大さじ1
ごま油 …… 小さじ1

作り方

1 フライパンにサラダ油を中火で熱し、鶏肉の皮目がカリッとなるまで4分焼き、返して2分焼いて取り出す。

2 **1**のフライパンにれんこんを入れ、2分炒める。**1**を戻し入れ、万能ねぎ、Aを加えてさっとあえる。

memo

手羽先は裏側に切り込みを入れ、火を通りやすくします。切り落とした先端部分は〝チキンスープの素〟として、スープやみそ汁、煮ものに加えてください。なお先端部分を取り除いたものは「鶏手羽中」の名で売られています。

手羽先とかぶのハニーマスタードサラダ

鶏肉とかぶを甘酸っぱいドレッシングであえます。
かぶの葉も刻んでむだなく使いましょう。
ドレッシングがからみやすくなります。

材料（2人分）

鶏手羽先……10本
　⇒ 先端部分を関節から切り離し、
　　裏側に骨に沿って切り込みを1本入れる
かぶ……3個
　⇒ 皮をむいて縦6等分に切り、葉は5㎜幅に刻む
オリーブ油……大さじ1
A ⇒ 混ぜ合わせる
　白ワインビネガー（または米酢）……大さじ2
　粒マスタード、はちみつ……各大さじ1
　しょうゆ……大さじ1/2
　塩……小さじ1/4

作り方

1 フライパンにオリーブ油を中火で熱し、鶏肉の皮目がカリッとなるまで4分焼き、返して2分焼く。かぶの実を加え、3分焼く。

2 火を止め、かぶの葉、Aを加えてあえる。

a

b

memo

マスタード(a)とはちみつ(b)はマリアージュの名にふさわしい組み合わせです。シンプルに焼いた肉に、あえたマスタードとはちみつを添えるだけで、ごちそう風に！

山椒が香り、すがすがしい一品になります。
ささ身もなすもレンジ加熱で、驚くほど
しっとり仕上がりますよ。

ささ身となすの山椒ナンプラーサラダ

材料（2人分）

鶏ささ身……5本(250g)
　⇒ フォークで全体を突き刺す

A
　酒……大さじ1
　塩……小さじ1/4

なす……3本 ⇒ 皮を縞状にむく

B ⇒ 混ぜ合わせる
　ナンプラー……大さじ1と1/2
　オリーブ油、ライム汁（またはレモン汁）
　　……各大さじ1
　砂糖……大さじ1/2
　粉山椒……少々

作り方

1 鶏肉はAをもみ込み、耐熱皿に入れてラップをかけ、電子レンジで3分加熱する。そのまま2分おき、ひと口大に切る。

2 なすは1本ずつラップで包み、電子レンジに並べて4分加熱する。ラップごと氷水にとって冷まし、水けを取って乱切りにする。

3 器に**1**と**2**を盛り合わせ、Bをかける。

memo

山椒はうなぎやつくねだけでなく、中華や洋食にも使える薬味です。清涼な香りが意外な効果を生んでくれます。

ささ身のチーズから揚げサラダ

ドレッシングにトマトのすりおろしを加えます。
ピンク色がサラダに映えます。
レタス、ベビーリーフなど、お好みの葉野菜でどうぞ。

材料（2人分）

鶏ささ身……5本(250g)

A
　酒……大さじ1
　粗びき黒こしょう……小さじ1/2
　塩……小さじ1/4
　粉チーズ……大さじ2

片栗粉……大さじ2

揚げ油……適量

ルッコラ……50g ⇒ 半分に切る

B ⇒ 混ぜ合わせる
　トマト……1個 ⇒ すりおろす
　塩……小さじ1/6
　白ワインビネガー（または米酢）、
　　オリーブ油……各大さじ1

作り方

1 鶏ささ身はAをもみ込み、片栗粉をまぶす。

2 フライパンに揚げ油を2㎝深さに注いで170℃に熱し、**1**を入れて、返しながら5分、火を強めて1分揚げる。

3 器にルッコラを盛り、**2**をのせ、Bをかけ、好みで粉チーズ適量（分量外）をふる。

memo

「ごま菜」とも呼ばれるルッコラは、ベーコンや揚げものに合わせやすい野菜です。なければベビーリーフで代用してください。

揚げなすとパプリカのバジルミートソースサラダ

えっ、サラダ？ って思うでしょ。
決め手はフレッシュバジルの香りなんですよ。
たっぷりと散らしてください！

材料（2人分）

鶏ひき肉 …… 200g
にんにく …… 1かけ ⇒ みじん切り
オリーブ油 …… 大さじ4
A
　トマト缶（カットタイプ）…… 1/2缶
　オイスターソース …… 小さじ2
　塩 …… 小さじ1/2
なす …… 3本 ⇒ 縦4等分に切る
黄パプリカ …… 1個 ⇒ 乱切り
B ⇒ 混ぜ合わせる
　バジル …… 1/2パック ⇒ 粗みじん切り
　オリーブ油 …… 大さじ1

作り方

1 フライパンにオリーブ油を中火で熱し、なすを2分揚げ焼きにして油をきり、取り出す。続けてパプリカを1分揚げ焼きにして油をきり、取り出す。

2 **1**のフライパンに、にんにくを入れて香りが立つまで炒め、ひき肉を加えてほぐしながら3分炒め、Aを加えて2分煮る。

3 器に**2**を敷き、**1**をのせて、Bをかける。

ゴーヤとチーズの鶏そぼろサラダ

コクのある食材や味つけと組み合わせると、
ゴーヤは苦みがうまみに化ける芸達者。
黒酢と黒ごま、黒黒コンビが味わい深い働きをします。

材料（2人分）

鶏ひき肉 …… 200g
ゴーヤ …… 1本
　⇒ 種を取って 1 cm幅に切り、
　　塩小さじ 1/4 をもみ込んで 10 分おく
プロセスチーズ …… 50g ⇒ 1 cm角に切る
サラダ油 …… 大さじ 1/2
A ⇒ 混ぜ合わせる
　みそ …… 大さじ 1 と 1/2
　黒酢（または米酢）…… 大さじ 1
　砂糖、ごま油 …… 各大さじ 1/2
　黒いりごま …… 大さじ 2

作り方

1 フライパンにサラダ油を強めの中火で熱し、ひき肉をほぐしながら 3 分炒める。

2 Aを加えてさっと炒め、水けを絞ったゴーヤ、チーズを加えてひと混ぜする。

ガッツリ白飯サラダ

牛肉

うまみの濃い牛肉は香味野菜やスパイスを加え、
ガツンとした味にまとめるほうがバランスがよく、
何より、ごはんがすすみます。

牛肉と野菜のそぼろサラダ

米粒とよくからまるように、
肉も野菜も小さく切って、
味つけはバターとナンプラー。
食感と香りのパラダイスです。

材料（2人分）

牛肉（切り落とし）…… 200g
　⇒ ざく切りにして包丁で粗くたたく
ホールコーン缶（190g）…… 1缶
　⇒ コーンと缶汁に分ける
にんにくの芽 …… 2束（200g）
　⇒ 1㎝幅に切る
きゅうり …… 1本 ⇒ 皮をむき、1㎝角に切る
ミニトマト …… 5個 ⇒ 縦4等分に切る
サラダ油 …… 大さじ1/2
A ⇒ 混ぜ合わせる
　ホールコーンの缶汁 …… 全量
　にんにく …… 1かけ ⇒ すりおろす
　ナンプラー …… 大さじ1
　ごま油 …… 小さじ1
バター …… 10g

作り方

1 フライパンにサラダ油を強めの中火で熱し、牛肉をほぐしながら3分炒め、コーンとにんにくの芽を加えて2分炒める。

2 Aで調味し、汁けがとぶまで炒めて、きゅうり、ミニトマト、バターを加えてさっと炒め合わせる。

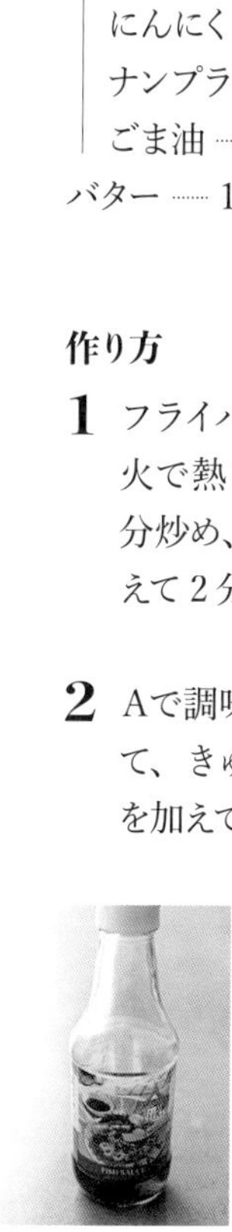

memo

ナンプラーは、かたくちいわしなどを発酵・熟成させたタイの調味料。独特の風味は意外にもバターともマッチします。なければ、風味は変わりますが、しょうゆで代用を。

牛肉とトマトの温しゃぶサラダ

トマトはうまみ成分のグルタミン酸を多く含みます。
だから加えるだけでおいしくなる！
玉ねぎは水にさらして辛みを抜くといいです。

材料（2人分）

牛肉（切り落とし）…… 200g
トマト …… 2個 ⇒ 1cm厚さの輪切り
玉ねぎ …… 1個 ⇒ 縦薄切りにして冷水に2分さらす
A
　水 …… 1ℓ
　酒 …… 大さじ1
　塩 …… 小さじ1/2
B ⇒ 混ぜ合わせる
　にんにく …… 1/2かけ ⇒ すりおろす
　しょうゆ …… 大さじ1と1/2
　米酢、オリーブ油 …… 各大さじ1

作り方

1 鍋にAを沸騰させ、弱火にして牛肉を広げて入れる。色が変わったら取り出し、水けをよく取る。

2 器にトマト、**1**、玉ねぎ、好みでごはん適量（分量外）を盛り、Bをかける。

牛肉とクレソンのタンドリーサラダ

隠し味にしょうゆを加えたオリジナルのタンドリーソース。
もみ込んで炒めればチャチャッと完成！
香りの強い野菜が合います。

材料（2人分）

牛肉（切り落とし）…… 200g

A

　トマトケチャップ、ウスターソース、
　カレー粉、プレーンヨーグルト
　…… 各大さじ1

　しょうゆ …… 大さじ1/2

サラダ油 …… 大さじ1

赤パプリカ …… 1個

⇒ ひと口大の細いくし形切り

クレソン …… 2束（100g）

⇒ 下2～3㎝を除いてざく切り

作り方

1 牛肉はAを加えてよくもみ込む。

2 フライパンにサラダ油を弱めの中火で熱し、**1**を広げて入れて2分炒める。

3 器に**2**とパプリカ、クレソンを合わせてのせる。

材料（2人分）

牛肉（焼き肉用）…… 200g ⇒ 2㎝幅に切る
グリーンリーフ …… 1/4個 ⇒ ひと口大にちぎる
大根 …… 3㎝ ⇒ 薄めのいちょう切り
サラダ油 …… 大さじ1/2
A ⇒ 混ぜ合わせる
　にんにく、しょうが …… 各1/2かけ
　　⇒ すりおろす
　しょうゆ …… 大さじ1と1/2
　みりん …… 大さじ1
　砂糖、米酢、ごま油 …… 各小さじ1

作り方

1 フライパンにサラダ油を強めの中火で熱して、牛肉を両面で2分炒め、Aを加えてさっと炒める。

2 器にグリーンリーフと大根を合わせて盛り、**1**をのせる。

焼き肉サラダ

何も考えず、無心に食べることに集中する！
それができるサラダです。
ガッツリ食べたあとの満足感を味わってください。

牛肉とじゃがいものサイコロサラダ

めんつゆはエライ！
酢、パセリ、黒こしょうを加えると
見事に化けます。そのおかげで、
じゃがいもが牛肉と互角の存在感を発揮！

材料（2人分）

牛肉（ステーキ用）…… 200g
⇒ 2㎝角に切る
じゃがいも …… 2個（300g）
しめじ …… 1パック（100g）
⇒ 小房に分ける
オリーブ油 …… 大さじ1
A
めんつゆ（3倍濃縮）…… 大さじ2
米酢 …… 大さじ1/2
パセリ（みじん切り）…… 大さじ2
粗びき黒こしょう …… 小さじ1/2

作り方

1 じゃがいもは皮ごとラップで包み、電子レンジで5～6分加熱し、皮をむいてひと口大に切る。

2 フライパンにオリーブ油を強めの中火で熱し、牛肉を両面で3分焼く。しめじを加えて1分焼き、じゃがいもを加えて混ぜる。

3 フライパンの手前をあけてAを入れ、パセリ、黒こしょうを加えてさっと炒める。

memo

黒こしょうは牛肉と相性がよいスパイスです。この料理は粗びきをしっかりきかせてください。パワフルになりますよ。

牛肉とアスパラガスのバルサミコ風味

バルサミコ酢を加えたしょうゆはフルーティでまろやか。
肉炒めが一気にセンスアップします。
豚肉や鶏肉でも作ってみてください。

材料（2人分）

牛肉（しゃぶしゃぶ用）……200g
アスパラガス……8本
　⇒ 下を1㎝切り落とし、下側10㎝ほどの皮をむく
A
　水……1ℓ
　酒……大さじ1
　塩……小さじ1/2
B ⇒ 混ぜ合わせる
　オリーブ油、しょうゆ……各大さじ2
　バルサミコ酢（または米酢）……大さじ1

作り方

1 鍋にAを沸騰させ、アスパラガスを中火で2分30秒ゆでて取り出す。弱火にし、牛肉を広げて入れる。色が変わったら取り出し、水けを取る。

2 器にアスパラガスを盛って牛肉をのせ、Bをかける。

memo

ぶどう果汁を煮つめて発酵させたバルサミコ酢は、ワインビネガーよりも濃度があり、まろやかです。ここがしょうゆとの相性のよさ。紹介したドレッシングは豚肉や鶏肉、魚料理にも合います。

牛肉とかぶの赤ワインドレッシング

すき焼きを洋風サラダにしてみました。
甘みを抑え、赤ワインの風味がほどよい大人の味。
スペシャルな日のごちそうになります。

材料（2人分）

牛肉（すき焼き用）…… 200g
かぶ（実）…… 3個
⇒ 皮をむいて縦1cm厚さに切る
マッシュルーム …… 5個 ⇒ 半分に切る
オリーブ油 …… 大さじ1
塩 …… 少々
A
赤ワイン …… 大さじ2
しょうゆ …… 大さじ1と1/2
みりん …… 大さじ1
塩 …… 少々

作り方

1 フライパンにオリーブ油を中火で熱し、かぶを3分焼き、マッシュルームを加えて1分炒めて取り出す。

2 **1**のフライパンに牛肉を広げて入れ、塩をふって、2分焼く。**1**と合わせて器に盛る。

3 フライパンをふき、Aを入れて1分煮つめ、**2**にかける。

column

野菜ひとつの 白《しろ》飯《めし》サラダ20

「野菜のおかずがほしい～」ときに役立つスグできサラダ。
野菜ひとつで作るから下ごしらえがラク、
ハンパに野菜が残る悩みも解決できます。

1. きゅうりの桜えび中華あえ

きゅうりの皮は全部むきます。
すぐにマリネになりますから。

材料（2人分）

きゅうり …… 2本
⇒ 皮をむき、長さを3等分にして縦4等分に切り、塩小さじ1/4をもみ込む

A
- 桜えび（乾燥）…… 大さじ1（2g）⇒ 粗く刻む
- 米酢 …… 大さじ1
- しょうゆ、ごま油 …… 各小さじ1
- 砂糖 …… 小さじ1/4

作り方

1 ボウルにAを混ぜ合わせ、きゅうりを加えてあえる。

---

2. にらのおかかポン酢サラダ

定番おひたしをサラダにアレンジして
ピリ辛にしました。

材料（2人分）

にら …… 1束 ⇒ 半分に切る

A
- ポン酢しょうゆ …… 大さじ1
- ラー油 …… 小さじ1
- 削り節 …… 1パック（1.5g）

作り方

1 にらは沸騰させた湯で30秒ほどゆで、水にとって冷やし、水けを絞る。食べやすい長さに切る。

2 器に盛り、Aを順にかける。

3、トマトのキムチマヨあえ

材料（2人分）

トマト …… 1個 ⇒ ひと口大の乱切り
白菜キムチ …… 50g ⇒ ざく切り
マヨネーズ …… 大さじ1
オリーブ油 …… 小さじ1

作り方

1 ボウルに材料すべてを混ぜ合わせ、さっとあえる。

納豆やゆでた豚しゃぶしゃぶ肉を加えても！

4、レタスのごまオイスターソースかけ

レタスをレンチン！
こうするとたくさん食べられます。

材料（2人分）

レタス …… 1/4個 ⇒ 縦半分に切る
A ⇒ 混ぜ合わせる
　黒酢（または米酢）…… 大さじ1
　オイスターソース …… 大さじ1/2
　しょうゆ、ごま油 …… 各小さじ1
白すりごま …… 大さじ1

作り方

1 レタスは耐熱皿にのせてラップをかけ、電子レンジで1分30秒加熱する。

2 器に**1**を盛って、Aをかけ、白すりごまをふる。

5、焼きにんじんのバルサミコサラダ

材料（2人分）

にんじん …… 1本
　⇒ 皮ごと1cm厚さの輪切りにし、片面に十字の切り込みを入れて塩少々をもみ込む
オリーブ油 …… 大さじ1
バルサミコ酢（または米酢）…… 大さじ2
パセリ（みじん切り）…… 大さじ1

作り方

1 フライパンにオリーブ油を弱めの中火で熱し、にんじんを並べて4〜5分焼き、器に盛る。

2 **1**のフライパンにバルサミコ酢を入れて1分煮つめ、**1**にかけてパセリを散らす。

にんじんの甘さを
煮つめたバルサミコ酢でさらに甘く。

6. キャベツの韓国のりドレッシングかけ

韓国のりを調味料使いして
簡単に作りましょう。

材料（２人分）

キャベツ …… 1/8 個 ⇒ せん切り

A ⇒ 混ぜ合わせる

韓国のり …… ２枚 ⇒ 細かくちぎる
しょうゆ …… 小さじ２
塩 …… 少々
米酢、サラダ油 …… 各大さじ１

作り方

1 器にキャベツを盛り、Aをかける。

青臭さなくピーマンが食べられるから、
別名「無限ピーマン」。

7. ピーマンの塩昆布酢みそあえ

材料（２人分）

ピーマン …… ４個 ⇒ 縦半分にして横薄切り

A

塩昆布 …… 10g ⇒ みじん切り
みそ、米酢 …… 各大さじ 1/2

作り方

1 ボウルにAを混ぜ合わせ、ピーマンを加えてあえる。

8. 大根のにんにくじょうゆ漬け

大根は塩もみすることによって、
味が入りやすくなります。

材料（２人分）

大根 …… ５㎝
⇒ ２㎜厚さのいちょう切りにし、塩少々をもみ込む

A

にんにく …… 1/2 かけ ⇒ すりおろす
しょうゆ …… 大さじ１と 1/2
みりん、米酢 …… 各大さじ１
砂糖、ごま油 …… 各小さじ１

作り方

1 耐熱ボウルにAのみりんを入れ、電子レンジで 15 秒加熱してアルコールをとばす。残りのAを混ぜ合わせる。

2 １に水けを絞った大根を加えてもみ込む。

9. ほうれん草のナムル

オーソドックスなナムルです。
ほうれん草はレンチンで。

材料（2人分）

ほうれん草 …… 1束

A

- 白いりごま、しょうゆ、ごま油 …… 各大さじ1
- 砂糖 …… 小さじ1

作り方

1 ほうれん草はラップで包み、電子レンジで2分加熱する。冷水で冷やし、水けを絞って、食べやすく切る。

2 ボウルにAを混ぜ合わせ、**1**を加えてあえる。

---

10. 生ハムと玉ねぎのポテトサラダ

じゃがいもの味を生かすため、
味つけはドレッシングがけで。

材料（2人分）

じゃがいも …… 2個（300g）

生ハム …… 4枚 ⇒ 小さくちぎる

玉ねぎ …… 1/4個 ⇒ 粗みじん切り

A ⇒ 混ぜ合わせる

- 白ワインビネガー（または米酢）、オリーブ油 …… 各大さじ1
- 塩、粗びき黒こしょう …… 各少々

作り方

1 じゃがいもは1個ずつラップで包み、電子レンジで5～6分加熱する。皮をむいて粗くつぶす。

2 ボウルに**1**、生ハム、玉ねぎを入れてあえ、器に盛ってAをかける。

---

11. セロリのしょうが酢じょうゆあえ

セロリは薄切りで食べやすく、
葉も加えて香りを高めます。

材料（2人分）

セロリ …… 1本 ⇒ 茎は斜め薄切り、葉は細切りにする

A ⇒ 混ぜ合わせる

- しょうが …… 1かけ ⇒ すりおろす
- しょうゆ、米酢 …… 各大さじ1
- ごま油 …… 大さじ1/2

作り方

1 器にセロリを盛り、Aをかける。

材料（2人分）

えのきたけ …… 1袋（100g）

⇒ 石づき（下2㎝）を取り除き、そこから1/3の軸を切って、残りは長さを2等分に切る

サラダ油 …… 大さじ1

A ⇒ 混ぜ合わせる

| 水、しょうゆ、みりん …… 各大さじ1
| 砂糖 …… 小さじ1

12、えのきたけのステーキサラダ

えのきたけの軸は
ぎりぎりまで食べられますよっ!!

作り方

1 フライパンにサラダ油を中火で熱し、えのきたけの下の軸を両面で3分焼き、残りを加えて1分焼く。Aを回し入れ、よくからめる。

13、ズッキーニの赤じそあえ

ズッキーニを生のまま塩もみし、和風にあえます。

材料（2人分）

ズッキーニ …… 1本 ⇒ 縦半分にして5㎜厚さに切り、塩少々をもみ込んで5分おく

A

| しょうゆ、赤じそのふりかけ …… 各小さじ1
| ごま油 …… 大さじ1/2

作り方

1 ボウルにAを混ぜ合わせ、水けを絞ったズッキーニを加えてあえる。

14、チンゲン菜のカリカリベーコンかけ

ベーコンとにんにくを
カリッと焼くのが唯一のコツ。

材料（2人分）

チンゲン菜 …… 1株 ⇒ 縦4等分に切る

A

| ベーコン …… 2枚 ⇒ 1㎝幅に切る
| にんにく …… 1かけ ⇒ みじん切り
| オリーブ油 …… 大さじ2
| 塩、こしょう …… 各少々

作り方

1 チンゲン菜は耐熱皿にのせ、ラップをかけて、電子レンジで2分加熱して器に盛る。

2 フライパンにAを入れて弱火にかけ、ベーコンとにんにくがカリッとしてきたら、**1**に油ごとかける。

15. 小松菜の卵黄チーズサラダ

小松菜はフライパンで蒸し焼きに。
うまみが濃縮されます。

材料（2人分）

小松菜 …… 1束 ⇒ 長さを半分に切る
オリーブ油 …… 大さじ1
水 …… 大さじ2
卵黄 …… 1個
A
　粉チーズ …… 大さじ2
　しょうゆ …… 大さじ1

作り方

1 フライパンにオリーブ油を中火で熱し、小松菜と水を入れてふたをする。2分蒸し焼きにし、器に盛る。

2 卵黄をのせ、Aをかける。

16. 里いものしょうゆマヨサラダ

おなじみのしょうゆマヨに
万能ねぎで和の風味づけ。

材料（2人分）

里いも …… 4個 ⇒ 皮を厚めにむき、ひと口大に切る
A
　万能ねぎ …… 1/4束 ⇒ 小口切り
　マヨネーズ …… 大さじ2
　しょうゆ、ごま油 …… 各小さじ1

作り方

1 鍋に湯を沸騰させ、里いもを7～8分ゆでてざるに取る。

2 ボウルにAを混ぜ合わせ、**1**を加えてあえる。

17. クレソンの山椒じょうゆサラダ

ほろ苦いクレソンと山椒の
スカッとする辛さを思う存分味わって！

材料（2人分）

クレソン …… 1束（50g）
　⇒ 下2～3㎝を取り除いてざく切り
A ⇒ 混ぜ合わせる
　しょうゆ、米酢、ごま油 …… 各大さじ1/2
　砂糖 …… 小さじ1/4
　粉山椒 …… 少々

作り方

1 器にクレソンを盛り、Aをかける。

18. 白菜のザーサイ炒め サラダ

炒めものだけど、白菜はほぼ生の状態。
シャキシャキの食感を楽しんで。

材料（2人分）

白菜 …… 1/8株
　⇒ 繊維を断つように横5㎜幅に切る
味つきザーサイ …… 50g ⇒ 粗みじん切り
ごま油 …… 大さじ1
塩 …… 少々

作り方

1 フライパンにごま油を強めの中火で熱し、白菜を1分炒める。ザーサイを加えてさっと炒め、塩をふる。

19. まいたけの ホットナンプラーサラダ

粒マスタード入りナンプラードレッシングで炒めます。

材料（2人分）

まいたけ …… 1パック（100g）⇒ 食べやすく裂く
A ⇒ 混ぜ合わせる
　ナンプラー …… 大さじ1/2
　みりん、粒マスタード、ごま油 …… 各小さじ1

作り方

1 フライパンを中火で熱し、まいたけを並べる。両面で3分焼き、Aを加えてさっと炒める。

20. 炒めなすのチリソース あえ

甘酸っぱ辛いソースあえ。
フライパンひとつで作れます。

材料（2人分）

なす …… 2本 ⇒ 3㎝角に切る
サラダ油 …… 大さじ2
A ⇒ 混ぜ合わせる
　トマトケチャップ …… 大さじ2
　しょうゆ、砂糖、ごま油 …… 各小さじ1
　豆板醤 …… 小さじ1/2

作り方

1 フライパンにサラダ油を中火で熱して、なすを2分炒め、Aを加えて炒め合わせる。

今井家の
作りおきドレッシング

ドレッシングは作りおきがあると便利です。日もちがするから、多めに作って冷蔵保存しておきましょう。

[基本のドレッシング]

米酢 …… 大さじ 2
塩 …… 小さじ 1/2
砂糖 …… 小さじ 1
こしょう …… 少々
サラダ油 …… 1/2 カップ

瓶に材料を入れて乳化するまでよく混ぜる。
＊冷蔵室で約 1 か月間保存可能。

基本のドレッシングをアレンジ！

野菜のすりおろしなどを加えてアレンジすると、バリエが楽しめます。ただし、保存は冷蔵室で約 1 週間を目安に。

にんじん
基本のドレッシング全量に、すりおろしたにんじん 1/4 本分、レモン汁小さじ 2 を加えて混ぜる。

きゅうり
基本のドレッシング全量に、すりおろしたきゅうり 1 本分、ヨーグルト大さじ 2 を加えて混ぜる。

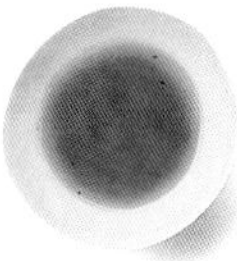

レモン汁とペッパー
基本のドレッシング全量に、レモン汁大さじ 1、粗びき黒こしょう少々を加えて混ぜる。

[おすすめのドレッシング]

冷蔵庫にあるもので作れて、
白飯に合う味つけを紹介します。

共通の作り方 瓶に材料を入れて乳化するまでよく混ぜる。

＊冷蔵室で約 2 週間保存可能。

マスタードドレッシング
マスタードは粒マスタードでも OK。

白ワインビネガー（または米酢）
…… 大さじ 2
マスタード …… 大さじ 1
塩 …… 小さじ 1/3
オリーブ油 …… 1/2 カップ

梅肉ドレッシング
はちみつを加えてコクを出します。

梅干し …… 3 個 ⇒ 種を除いてたたく
米酢 …… 大さじ 2
はちみつ …… 小さじ 1
オリーブ油 …… 1/2 カップ

しょうがドレッシング
何にでも合う万能合わせ調味料。

しょうが …… 1 かけ ⇒ みじん切り
米酢 …… 大さじ 2
しょうゆ、砂糖 …… 各小さじ 1
塩 …… 小さじ 1/2
サラダ油 …… 1/2 カップ

ケチャップドレッシング
濃厚で甘酸っぱい味は肉サラダ向き。

にんにく …… 1/4 かけ ⇒ すりおろす
トマトケチャップ …… 大さじ 3
白ワインビネガー（または米酢）
…… 大さじ 2
マヨネーズ …… 小さじ 1
こしょう …… 少々
オリーブ油 …… 1/4 カップ

豆板醤ドレッシング
焼き肉や刺し身サラダにも使える大人の味。

長ねぎ …… 1/4 本 ⇒ みじん切り
米酢 …… 大さじ 2
オイスターソース …… 小さじ 1
塩 …… 小さじ 1/6
豆板醤、ごま油 …… 各大さじ 1
サラダ油 …… 1/2 カップ

ガッツリ白飯サラダ

魚介

刺し身でも加熱してもよく、いかやたこ、貝など、
色彩も形も味も多彩な魚介を加えると、
表情豊かなサラダになります。

サーモンの刺し身サラダ

フレッシュ野菜をドカッと添えて、
中華風のソースをかけます。
サーモンで野菜をくるんでも、
あえてもいい！

材料（2人分）

サーモン（刺し身用）…… 200g
　⇒ 5㎜幅に切る
きゅうり …… 2本
　⇒ 斜め5㎜厚さに切って細切り
みょうが …… 3個
　⇒ 小口切り
グリーンリーフ …… 1/4個
　⇒ 横1㎝幅に切る
A ⇒ 混ぜ合わせる
　しょうゆ …… 大さじ1と1/2
　米酢、ごま油 …… 各大さじ1
　オイスターソース、砂糖 …… 各小さじ1
　こしょう …… 少々

作り方

1 器にサーモンを並べ、野菜類を合わせて盛り、Aをかける。

サーモンとズッキーニの黒酢サラダ

揚げ焼きの具材に
山椒をたっぷりかけます。
香りが鼻から抜けてスカッ！
黒酢のコクが後追いします。

材料（2人分）

サーモン …… 2切れ
⇒ 4等分に切り、塩、粗びき黒こしょう各少々をもみ込み、小麦粉大さじ2をまぶす
ズッキーニ …… 1本 ⇒ 1㎝厚さの輪切り
ごぼう …… 1/2本 ⇒ 8㎝長さに切って縦4等分に切る
揚げ油 …… 適量
A ⇒ 混ぜ合わせる
　長ねぎ …… 1/4本 ⇒ みじん切り
　しょうゆ …… 大さじ1と1/2
　黒酢（または米酢） …… 大さじ1
　砂糖 …… 大さじ1/2
　ラー油 …… 小さじ1
粉山椒 …… 適量

作り方

1 フライパンに揚げ油を深さ1㎝まで入れ、中火にかける。170℃でズッキーニ、ごぼうを2分、サーモンを3分揚げる。

2 器に**1**を盛り、Aをかけて粉山椒をふる。

memo

黒酢は米酢よりも力強い味がし、酸味がやわらかくて、甘みと芳醇な香りが特徴です。脂がのった肉や魚、揚げものにどうぞ。

まぐろと春菊のコチュジャンサラダ

まぐろは表面だけをジャッと焼きつけ、香ばしさと食感の変化をつけます。豆腐を添えてまろやかに。

材料（2人分）

まぐろ（刺し身用）…… 200g
サラダ油 …… 大さじ1
木綿豆腐 …… 1/2丁（150g）
　⇒ 2㎝角に切り、水けを取る
春菊 …… 100g
　⇒ 葉を摘み、ざく切り
A
　白すりごま、しょうゆ …… 各大さじ1
　にんにく …… 1/2かけ ⇒ すりおろす
　コチュジャン …… 大さじ1と1/2
　米酢、レモン汁、ごま油
　　…… 各小さじ1

作り方

1 フライパンにサラダ油を強めの中火で熱し、まぐろの表面をさっと焼く。取り出し、粗熱がとれたら2㎝角に切る。

2 ボウルにAを合わせ、**1**を加えてよくあえ、豆腐、春菊を加えてさっとあえる。

memo

コチュジャンは豆板醤同様、唐辛子が原料ですが、もち米麹由来のコクと甘みが特徴。つけだれとしても役立ちます。

めかじきとブロッコリーの しょうゆバターサラダ

材料（2人分）

めかじき …… 2切れ
　⇒ ひと口大に切り、塩、こしょう各少々をもみ込む

ブロッコリー …… 1株
　⇒ 小房に分けて大きいものは半分に切り、
　　茎は下1cmを切り落として皮を厚くむき、
　　食べやすく切る

A
　水 …… 1/4カップ
　酒 …… 大さじ2

B ⇒ 混ぜ合わせる
　しょうゆ …… 大さじ1と1/2
　みりん …… 大さじ1
　米酢 …… 小さじ1

バター …… 10g

作り方

1 フライパンにブロッコリーを並べ、めかじきをのせる。Aをふりかけてふたをし、中火にかける。煮立ってから4〜5分蒸す。

2 水けがなくなったら手前をあけ、Bとバターを加えて炒め合わせる。

ブロッコリーの上にめかじきをのせ、
フライパン蒸しにします。
仕上げは心が躍るしょうゆバター！

たいのシチリア風サラダ

オレンジ・ジンジャーの風味です。
甘くさわやか、しょうゆともバッチリ合う！
ひと口食べれば、気分はもう地中海へひとっ飛び！

材料（2人分）

たい（刺し身用）…… 200g ⇒ ひと口大のそぎ切り
オレンジ …… 1個 ⇒ 皮をむいて1㎝厚さの半月切り
ベビーリーフ …… 50g
紫玉ねぎ …… 1/4個 ⇒ 縦薄切り
A ⇒ 混ぜ合わせる
　しょうが …… 1/2かけ ⇒ すりおろす
　しょうゆ、白ワインビネガー（または米酢）、
　　オリーブ油 …… 各大さじ1

作り方

1 器にベビーリーフと紫玉ねぎを合わせて盛り、オレンジ、たいをのせてAをかける。

memo

オレンジを加えると白ワインビネガーの酸味がやわらぎ、たいの臭みも消えます。皮はりんごのように包丁でぐるりとむくといいです。

焼きあじとチンゲン菜の わさびじょうゆサラダ

あじも野菜もじっくりこんがり焼いて、
わさびをピリッときかせたドレッシングを。
いわしやさんま、白身魚でも作れます。

材料（2人分）

あじ（三枚おろし）…… 2尾分
⇒ それぞれ4等分に切り、塩少々をもみ込む
チンゲン菜 …… 2株
⇒ 長さを3等分に切り、茎は縦4等分に切る
長ねぎ …… 1本 ⇒ 5㎝長さに切る
サラダ油 …… 大さじ1
A ⇒ 混ぜ合わせる
ポン酢しょうゆ …… 大さじ2
ごま油 …… 大さじ1/2
練りわさび …… 小さじ1

作り方

1 フライパンにサラダ油大さじ1/2を弱めの中火で熱し、チンゲン菜、長ねぎを並べ、返しながら3分焼いて取り出す。

2 残りのサラダ油を熱し、あじを皮目から入れて焼き色をつけ、両面で3分焼く。

3 器に1と2を盛り、Aをかける。

えびマヨとレタスのサラダ

えびはプリッと、焼きすぎないように！
しょうゆ入りのケチャマヨはあとを引くので、
ごはんと一緒にワンプレートでどうぞ！

材料（2人分）

むきえび …… 200g ⇒ 背わたを取って洗う

A
- 酒 …… 大さじ1
- 塩 …… 少々

小麦粉 …… 大さじ2

レタス …… 1/2個 ⇒ ひと口大にちぎる

サラダ油 …… 大さじ2

B
- にんにく …… 1/2かけ ⇒ すりおろす
- トマトケチャップ …… 大さじ2
- マヨネーズ …… 大さじ1
- しょうゆ、レモン汁、ごま油 …… 各小さじ1

作り方

1 えびにAをもみ込み、小麦粉をまぶす。フライパンにサラダ油を中火で熱し、えびを入れ、両面で3分焼く。

2 ボウルにBを混ぜ合わせ、**1**とレタスを加えてさっとあえる。

えび、れんこん、オクラの香味あえ

プリプリ、シャキシャキ、とろとろ。
いろんな食感が楽しめるサラダです。
青じそとねぎの香りがおいしさを後押しします。

材料（2人分）

むきえび …… 200g ⇒ 背わたを取って洗う
れんこん …… 200g ⇒ ひと口大の乱切り
オクラ …… 5本 ⇒ ヘタ先を切り、ガクをむき取る

A
水 …… 1 ℓ
酒 …… 大さじ1
塩 …… 小さじ1/2

B
長ねぎ …… 1/2本 ⇒ 粗みじん切り
青じそ …… 5枚 ⇒ 粗みじん切り
米酢 …… 大さじ2
塩、砂糖 …… 各小さじ1/2
ごま油 …… 大さじ1

作り方

1 鍋にAを沸騰させ、オクラを中火で2分ゆでて取り出し、れんこんは3分ゆでて取り出す。

2 **1**の火力を弱火にし、えびを入れて2分ゆでて取り出す。

3 ボウルにBを混ぜ合わせ、**1**と**2**を加えてあえる。

シャキッとした白菜が、シコシコのたこと好相性。
キムチは調味料として使い、
にらでバシッとパンチを入れます。

たこと白菜のキムチあえ

材料（2人分）

ゆでだこ …… 200g ⇒ ひと口大のそぎ切り
白菜 …… 1/4株 ⇒ 繊維を断つように横5㎜幅に切る
にら …… 1/4束 ⇒ 5㎜幅に切る
A
　白菜キムチ …… 100g ⇒ ざく切り
　しょうゆ、米酢、ごま油、白すりごま
　　…… 各大さじ1

作り方

1 ボウルにAを混ぜ合わせ、たこと白菜、にらを加えてさっとあえる。

memo

キムチは味がしっかりついているので、刻んで好みの具材と合わせれば、あえものが簡単にできます。

豆苗とセロリは定番ドレッシングあえに。
いかは濃厚アンチョビバジル炒めに。
橋渡しをするのがしょうがの香りです。

いかと豆苗のアンチョビバジル

材料（2人分）

いか（さばいたもの）…… 1ぱい分
⇒ 胴は1cm幅の輪切り、足は食べやすく切る
豆苗 …… 1袋 ⇒ 3等分に切る
セロリ（茎）…… 1/2本 ⇒ 斜め薄切り
A
オリーブ油 …… 大さじ1/2
しょうが …… 1かけ ⇒ みじん切り
アンチョビ …… 4枚 ⇒ みじん切り
バジル …… 1パック ⇒ みじん切り
B
オリーブ油、白ワインビネガー（または米酢）
…… 各大さじ1
塩 …… 小さじ1/6
こしょう …… 少々

作り方

1 フライパンにAを入れて中火にかけ、香りが立ったらいかを加えて2分炒める。バジルを加え、さっと混ぜる。

2 ボウルにBを混ぜ合わせ、豆苗、セロリをあえて器に盛り、**1**をのせる。

memo

アンチョビはかたくちいわしを塩漬けにして発酵させ、油漬けにしたもの。うまみが濃く塩辛いので、刻んで調味料として加えると、味に深みが増します。

あさりとレタスのホットサラダ

あさりの汁を吸ってしんなりとし、
温かくなったレタスは絶品！
丸々１個、ペロリと食べられます。

材料（２人分）

あさり …… 300g
　⇒ 砂抜きし、殻をこすり合わせて洗う
レタス …… １個 ⇒ 大きめにちぎる
A
　水 …… 1/4 カップ
　酒 …… 大さじ２
B ⇒ 混ぜ合わせる
　味つきザーサイ …… 50g ⇒ 粗みじん切り
　米酢、しょうゆ …… 各大さじ１
　ごま油 …… 小さじ１

作り方

1 フライパンにあさりとAを入れ、ふたをして強めの中火にかける。殻が開いたらレタスを入れ、ふたをして１分蒸し煮にして火を止める。

2 １をさっと混ぜて器に盛り、Bをかける。

memo

ザーサイはそのまま食べるだけでなく、刻んでソースやたれに加えると、うまみとして役立ちます。

ほたてとまいたけの
ゆずこしょうサラダ

材料（2人分）

ほたて貝柱（刺し身用）…… 200g ⇒ 半分に切る
まいたけ …… 2パック（200g）⇒ 大きめに裂く
さやいんげん …… 5本 ⇒ 斜め半分に切る
にんにく …… 1かけ ⇒ 半分に切ってつぶす
オリーブ油 …… 大さじ1
塩 …… 少々
A ⇒ 混ぜ合わせる
- ゆずこしょう …… 小さじ1
- 砂糖 …… 大さじ1/2
- しょうゆ、米酢、オリーブ油 …… 各大さじ1

作り方

1 フライパンに、にんにく、オリーブ油を入れて弱火にかけ、にんにくが色づいたら取り出す。中火にし、まいたけ、さやいんげんを入れ、返しながら3〜4分焼く。塩で調味し、取り出す。

2 **1**のフライパンにほたてを入れ、両面にさっと焼き色をつける。

3 器に**1**と**2**を盛り、Aをかける。

ほたては表面をさっと焼きつける程度、半生の状態がベストです。まいたけは逆にじっくり焼きます。

memo

こしょうや唐辛子の代わりに、ゆずこしょうを使ってみると、辛みの中にも、いつもとは違った味の広がりが生まれます。

かきとカリフラワーのみそナッツサラダ

濃淡がはっきりした2食材を
ピリ辛酢みそであえました。
アーモンドを散らすと食感も味も華やかに。

材料（2人分）

かき（加熱用）……200g
⇒ 塩水（濃度約3%）で洗い、水で流す
カリフラワー……1株 ⇒ 小房に分ける
A
水……1 ℓ
酒……大さじ1
塩……小さじ1/2
B
みそ……大さじ1と1/2
米酢、しょうゆ……各大さじ1
砂糖……大さじ1/2
豆板醤……小さじ1/2
アーモンド（ロースト）……30g ⇒ 粗く刻む

作り方

1 鍋にAを沸騰させ、カリフラワーを中火で3分ゆでて取り出す。続けてかきを入れ、3分ゆでて取り出す。

2 ボウルにBを混ぜ合わせ、**1**を加えてあえる。

memo

アーモンドの香ばしさと渋みが味と食感にアクセントを与えます。クルミに代えてもOK。

たらとかぼちゃの
カレーみそサラダ

カレーの香りが後から追いかけてきて、
箸が止まりません。
たらはかぼちゃにのせてふっくら蒸します。

材料（2人分）

たら（生）……2切れ
　⇒4等分に切り、塩少々をもみ込む
かぼちゃ……1/4個 ⇒1㎝厚さに切る
A
　水……1/4カップ
　酒……大さじ2
B ⇒混ぜ合わせる
　みそ……大さじ1と1/2
　米酢……大さじ1
　砂糖……大さじ1/2
　カレー粉、ごま油……各小さじ1

作り方

1 フライパンにかぼちゃ、たらの順に重ねて入れ、Aを加える。ふたをして火にかけ、煮立ったら中火で4～5分蒸す。

2 器に**1**を盛り、Bをかける。好みでカレー粉適量（分量外）をふる。

memo

カレー粉は食欲を増進させます。そこで甘酢みそにも加えてみました。かぼちゃの甘さも増して効果てきめんです。

ガッツリ白飯サラダ

卵・豆腐

デイリー食材の卵と豆腐も
サラダ仕立てにすれば目先が変わります。
時短で作れるのもメリットのひとつです。

かに玉、グリーンサラダ

卵炒めは手早さが勝負です。
卵液を入れたら大きく混ぜてふんわりと。
しょうが風味のたれが決め手です。

材料（2人分）

卵 …… 4個 ⇒ 溶きほぐし、塩少々を混ぜる
かにかまぼこ …… 10本 ⇒ 斜め半分に切る
グリーンリーフ …… 1/4個 ⇒ ひと口大にちぎる
サラダ油 …… 大さじ1
A ⇒ 混ぜ合わせる
　しょうが …… 1かけ ⇒ みじん切り
　しょうゆ …… 大さじ1と1/2
　米酢 …… 大さじ1
　砂糖、ごま油 …… 各大さじ1/2

作り方

1 フライパンにサラダ油を強めの中火で熱し、卵液を入れて半熟に炒める。

2 器にグリーンリーフを盛り、**1**とかにかまぼこをのせてAをかける。

トマトときくらげの卵炒めサラダ

材料（2人分）

卵 …… 4個

⇒ 溶きほぐして、塩少々を混ぜる

トマト …… 2個

⇒ 湯むきし（行わなくてもOK）、6等分のくし形に切る

きくらげ（乾燥）…… 5g

⇒ 水でもどして食べやすく切る

サラダ油 …… 大さじ1と1/2

A ⇒ 混ぜ合わせる

明太子 …… 1本（60g）

米酢、しょうゆ、ごま油 …… 各大さじ1

砂糖 …… 小さじ1

作り方

1 フライパンにサラダ油大さじ1を強めの中火で熱し、卵液を入れて大きく混ぜ、半熟で火を止める。器に盛る。

2 1のフライパンにサラダ油大さじ1/2を入れて熱し、きくらげを1分、トマトを加えて30秒ほど炒める。

3 1に2をのせて、Aをかける。

卵とトマトはあえて別々に炒めます。
だから、それぞれがうまい！
これだけで、誰でも上手に作れますよ。

ゆで卵とスパムのシーザーサラダ

スパムのガツンと効いた塩けが
最大のポイント！
なければソーセージかベーコンで。

材料（2人分）

ゆで卵 …… 2個 ⇒ 4等分のくし形に切る
レタス …… 1/2個 ⇒ 横半分に切り、2㎝幅に切る
ポークランチョンミート …… 100g ⇒ 1.5㎝角に切る
オリーブ油 …… 大さじ1/2
A ⇒ 混ぜ合わせる
　にんにく …… 1/4かけ ⇒ すりおろす
　マヨネーズ、牛乳 …… 各大さじ2
　粉チーズ …… 大さじ1
　レモン汁 …… 小さじ1
　粗びき黒こしょう …… 少々

作り方

1 フライパンにオリーブ油を中火で熱し、ランチョンミートを炒めて焼き色をつける。

2 器にレタス、ゆで卵、**1**を盛り、Aをかける。

アスパラガスのしば漬けタルタル添え

ゆで卵はごろっとした感じにつぶします。
白身と黄身は混ぜすぎず！です。
ここが卵好きのこだわり!!

材料（2人分）

アスパラガス …… 8本
　⇒ 下を1㎝切り落として下10㎝ほどの皮をむき、
　斜め半分に切る
オリーブ油 …… 大さじ1
塩 …… 少々
A ⇒ 混ぜ合わせる
　ゆで卵 …… 3個 ⇒ ざっくりつぶす
　玉ねぎ …… 1/4個 ⇒ みじん切り
　しば漬け …… 30g ⇒ 粗みじん切り
　マヨネーズ …… 大さじ2
　しょうゆ、レモン汁 …… 各小さじ1

作り方

1 フライパンにオリーブ油を中火で熱し、アスパラガスを入れる。塩をふって3～4分焼く。

2 器に**1**とAを盛り合わせる。

枝豆とハムの白あえサラダ

みそ味の白あえです。
青のりで磯の香りをプラス。
豆腐はしっかり水けを取ってください。

材料（2人分）

絹ごし豆腐 …… 1丁(300g)
　⇒ ひと口大にちぎって水けをよく取る
枝豆（塩ゆでしてさやから出したもの） …… 100g
ハム …… 4枚 ⇒ 1㎝角に切る
A
　みそ …… 大さじ1と1/2
　しょうゆ …… 大さじ1/2
　ごま油、青のり …… 各小さじ1

作り方

1 ボウルにAをよく混ぜ合わせ、豆腐を細かくくずしながら加えて混ぜる。枝豆、ハムを加えてさっとあえる。

もやしの肉そぼろ炒めのせ豆腐サラダ

材料（2人分）

木綿豆腐 …… 1丁(300g)
　⇒ ひと口大にちぎって水けをよく取る
豚ひき肉 …… 200g
もやし …… 1袋
万能ねぎ …… 1/4束
　⇒ 斜め薄切りにし、水でもみ洗う
サラダ油 …… 大さじ1/2
A ⇒ 混ぜ合わせる
　しょうゆ …… 大さじ1と1/2
　黒酢（または米酢）、みりん …… 各大さじ1
　砂糖、ごま油 …… 各小さじ1

作り方

1 フライパンにサラダ油を強めの中火で熱し、ひき肉をほぐしながら3分炒め、Aを加えて汁けが少なくなるまで炒める。もやしを加え、1分炒める。

2 器に豆腐を盛り、**1**をのせて万能ねぎをのせる。

肉そぼろは黒酢をきかせて濃いめの味に。
もやしは芽とひげ根を取ると、
洗練されて、ひと味、いや、ふた味違います。

番外編

麺サラダ

野菜をてんこ盛り食べられる麺メニュー。共通のポイントは、
麺をゆでたら、冷水でキリッと冷やしてざるにあげ、
麺を押すようにして水けを充分にきることです。

ツナトマトとみつばのそうめん

オリーブ油がつゆをグレードアップします。
みつばは和のハーブ。この香りがあると全体が落ち着きます。

材料（2人分）

トマト …… 2個 ⇒ 2㎝角に切る
ツナ缶 …… 1缶（70g）⇒ 油を軽くきる
みつば …… 1袋 ⇒ ざく切り
そうめん …… 2束
A ⇒ 混ぜ合わせる
　めんつゆ（3倍濃縮）…… 大さじ2
　水 …… 1/2カップ
　オリーブ油 …… 大さじ1

作り方

1 トマトとツナを混ぜ合わせる。

2 そうめんは袋の表示どおりにゆで、氷水で冷やして水けをきる。器に盛り、**1**、みつばをのせ、Aをかける。

切り干し大根の納豆あえうどん

食べすぎたかな？ と感じたら、
次の食事はこれです。
食物繊維が豊富でヘルシー。

材料（2人分）

A ⇒ 混ぜ合わせる
- ひき割り納豆 …… 2パック
- 切り干し大根（乾燥）…… 30g
  - ⇒ もみ洗いをして水でもどし、1cm幅に切る
- グリーンリーフ …… 1/4個
  - ⇒ 繊維を断つように横1cm幅に切る
- 長ねぎ …… 5cm → みじん切り
- ナンプラー …… 大さじ1と1/2
- 米酢 …… 大さじ1
- 砂糖、ごま油 …… 各小さじ1

冷凍うどん …… 2玉

作り方

1 冷凍うどんは袋の表示どおりに電子レンジで加熱し、氷水で冷やして水けをきる。

2 器に盛り、Aをのせる。

豚肉とレタスの冷やしカレーうどん

うどんとつゆは冷たく、
肉とレタスはあったかく。
冷や熱はハマりますよ！

材料（2人分）

豚肉（こま切れ）…… 200g
レタス …… 1/2個 ⇒ 大きめにちぎる
冷凍うどん …… 2玉

A ⇒ 混ぜ合わせる
- めんつゆ（3倍濃縮）…… 大さじ2
- 水 …… 1/2カップ
- カレー粉 …… 小さじ1

作り方

1 冷凍うどんは袋の表示どおりに電子レンジで加熱し、氷水で冷やして水けをきる。

2 鍋に湯を沸騰させ、レタスを10秒ほどくぐらせて取り出し、水けを取る。続けて豚肉を1分ゆでて水けを取る。

3 器に**1**を盛ってAをかけ、**2**をのせる。好みでカレー粉適量（分量外）をふる。

韓国風 マカロニサラダ

明太子マヨにコチュジャンを加えて、
辛みとうまみを濃厚にします。
角切り野菜の歯ざわりも魅力です。

材料（2人分）

きゅうり …… 1本 ⇒ 1.5 cm角に切る
にんじん …… 1/2 本 ⇒ 1.5 cm角に切る
大根 …… 5 cm ⇒ 1.5 cm角に切る
塩 …… 小さじ 1/4
マカロニ …… 50g
A
明太子 …… 1本（60g）⇒ 身をこそげ取る
白すりごま、コチュジャン …… 各大さじ 1
マヨネーズ …… 大さじ 2
ごま油 …… 小さじ 1

作り方

1 きゅうり、にんじん、大根は合わせて塩をもみ込み、10 分おく。

2 マカロニは袋の表示どおりにゆで、氷水で冷やして水けをきる。

3 ボウルにAを混ぜ合わせ、水けを絞った **1** と **2** を加えてあえる。

中華そぼろときゅうりのパスタ

ちょっと甘いピリ辛しょうゆ味のそぼろは、
皮をむいたきゅうりとよくなじみます。
パスタときゅうりは太さをそろえて口あたりよく。

材料（2人分）

豚ひき肉 …… 200g
きゅうり …… 3本
⇒ 皮をむき、斜め5㎜厚さに切ってせん切りにする
サラダ油 …… 大さじ1/2
スパゲッティ …… 160g
A ⇒ 混ぜ合わせる
にんにく …… 1かけ ⇒ すりおろす
しょうゆ …… 大さじ2
酒、砂糖、ごま油 …… 各大さじ1
豆板醤 …… 小さじ1

作り方

1 フライパンにサラダ油を強めの中火で熱し、ひき肉をほぐしながら3分炒める。Aを加え、汁けが少なくなるまで炒める。

2 スパゲッティは袋の表示どおりにゆで、湯をきって器に盛る。きゅうりと**1**をのせる。

たっぷり薬味の冷やしきつねそば

油揚げはカリカリに焼きます。
この香ばしさが命です。
オクラのとろみで変化球!

材料（2人分）

油揚げ……1枚
オクラ……10本
　⇒ ヘタ先を切り、ガクをむき取る
みょうが……3個 ⇒ せん切り
青じそ……10枚 ⇒ せん切り
そば（乾燥）……2束（200g）
A ⇒ 混ぜ合わせる
　めんつゆ（3倍濃縮）……大さじ2
　水……1/2カップ

作り方

1 油揚げはオーブントースターで5分焼き、1×4㎝幅に切る。オクラは2分ゆでて氷水にとり、斜め半分に切る。

2 そばは袋の表示どおりにゆで、氷水で冷やして水けをきる。器に盛り、**1**、みょうがと青じそを合わせてのせ、Aをかける。

ザーサイの大根おろしあえ冷やし中華

材料（2人分）

大根……1/6本
　⇒ すりおろして軽く水けを絞る
貝割れ菜……1パック ⇒ 2等分に切る
味つきザーサイ……50g ⇒ 粗みじん切り
中華生麺……2玉
A ⇒ 混ぜ合わせる
　しょうゆ、米酢、水……各大さじ2
　砂糖……大さじ1
　ラー油……小さじ2

作り方

1 大根おろしとザーサイを混ぜ合わせる。

2 中華生麺は袋の表示どおりにゆで、氷水で冷やして水けをきる。器に盛り、**1**と貝割れ菜をのせて、Aをかける。

猛暑日はさっぱり冷やし中華。
決め手はどっさりの貝割れ菜です。
軽い辛みが暑気払いに。

きのこ炒めのせ
冷やし中華

材料（2人分）

まいたけ …… 1パック（100g）⇒ 食べやすく裂く
えのきたけ …… 1袋（100g）
⇒ 石づき（下2cm）を取り除き、2等分に切る
生しいたけ …… 5個 ⇒ 4等分に切る
サラダ油 …… 大さじ1
水菜 …… 1/2袋 ⇒ 5cm長さに切る
桜えび（乾燥）…… 大さじ1と1/2（3g）
中華生麺 …… 2玉
A ⇒ 混ぜ合わせる
しょうゆ …… 大さじ2
オイスターソース、黒酢（または米酢）…… 各大さじ1
砂糖、練りがらし …… 各大さじ1/2

きのこは3種類使います。
うまみの相乗効果が起きますよ。
桜えびを散らして少々贅沢に！

作り方

1 フライパンにサラダ油を中火で熱し、きのこを入れて両面で2分焼く。

2 中華生麺を袋の表示どおりにゆで、氷水で冷やして水けをきる。器に盛り、水菜と**1**をのせ、Aをかけて桜えびを散らす。

今井 亮（いまい・りょう）

料理家。日本海の美しい景観と棚田が広がる里山で有名な京都府京丹後市に生まれる。おいしい海の幸山の幸に培われた料理への関心から、京都市の中華料理店に就職。5年間の修業後、東京のフードコーディネーター学校で学び、料理家のアシスタントを経て独立。雑誌・書籍・テレビで活躍のほか、料理教室も開催。どこにでもある食材でパパッと作れ、ちょっと本格的な味を得意とする。著書は『美酒佳肴　中華つまみ』（成美堂出版）、『きちんとおいしい！超早っ！ひとり分ごはんレシピ』（学研プラス）など。

Instagram ／ @ryo.imai1931

Twitter ／ @ryomaimai1931

撮影／木村 拓（東京料理写真）
デザイン／野本奈保子（ノモグラム）
スタイリング／浜田恵子
調理アシスタント／玉利紗綾香
取材・構成／遠田敬子
校閲／滄流社
編集／上野まどか

撮影協力　UTUWA

白飯サラダ

著　者　今井 亮
編集人　足立昭子
発行人　倉次辰男
発行所　株式会社主婦と生活社
〒104-8357 東京都中央区京橋 3-5-7
☎ 03-3563-5321（編集部）
☎ 03-3563-5121（販売部）
☎ 03-3563-5125（生産部）
https://www.shufu.co.jp

製版所　東京カラーフォト・プロセス株式会社
印刷所　大日本印刷株式会社
製本所　小泉製本株式会社

ISBN978-4-391-15635-5